PRACTIDEAS

Costura
para niños

POR LA PROFESORA MARÍA LAURA PORATTO

longseller

El abecé de la costura

¿Sabía que todas las telas deben ser lavadas con agua fría y jabón antes de cortar los moldes? Esto es fundamental y se hace para evitar que, después de confeccionada, la prenda se achique en el primer lavado. Para no cometer errores de este tipo, es conveniente conocer algunos consejos útiles.

Preparación de la tela

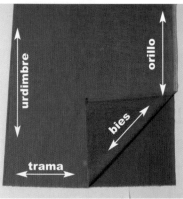

1. CORTE AL BIES

Una vez elegido el modelo que se quiere realizar, es muy importante conocer la tela que va a utilizarse para confeccionar la prenda. Todos los géneros están constituidos por hilos verticales, denominados urdimbre y horizontales llamados trama.

El borde de la tela que no se deshila se llama orillo y corre en forma paralela a la urdimbre. El corte que se realiza a 45° entre ambas direcciones se denomina bies.

2. EL SENTIDO DEL HILO

Conocer el sentido de la tela es fundamental a la hora de ubicar el molde sobre ella, para que la prenda tenga una buena caída.

Al calcar los moldes se debe marcar el sentido del hilo de la tela tal como se indica en el original. Al ubicar el molde sobre la tela, el sentido del hilo debe ubicarse siempre en forma paralela al orillo.

3. TELAS RAYADAS O ESCOCESAS

Cuando trabajamos con telas escocesas o rayadas es importante distinguir si el diseño es simétrico o asimétrico ya que de esto dependerá la forma de ubicar la tela con respecto al molde.

Para verificar el tipo de diseño hay que doblar la tela por la mitad haciendo coincidir los orillos y luego llevar uno de los extre-

mos hacia el centro. Si las rayas coinciden podemos trabajar con la tela doblada por la mitad, sosteniéndola muy bien con alfileres para que los cuadros no se desplacen al ubicar el molde, cortar o hacer el hilván flojo. Si el diseño es asimétrico se debe trabajar con la tela desplegada para poder ver mejor la diferencia entre las rayas. En este caso, las piezas del diseño que son simétricas (Ej.: espalda, cuello, tirilla) se deben dibujar en el papel de molde en forma completa, y de la misma manera apoyarse sobre la tela para el corte.

4. CUIDADO CON LOS CUADROS

Es importante, al trabajar telas escocesas, que los cuadros coincidan en todas las costuras, para que la prenda tenga una mejor terminación. Para poder lograrlo, marcar sobre el papel de molde la ubicación de algunos cuadros. Proceder de la misma manera con el otro molde que se va a unir.

Preparación de los moldes

Desplegar la hoja de moldes y ubicarla sobre la mesa tratando que quede lo más lisa posible. Buscar en el patrón esquemático las referencias que correspondan al molde elegido en su correspondiente talle.

Una vez encontrados los moldes en el pliego de papel conviene repasar todas las piezas del diseño con un marcador para visualizarlas bien cuando se vayan a calcar. Colocar el papel de seda o manteca sobre el pliego con los moldes (se compran en librerías o mercerías: Cuanto

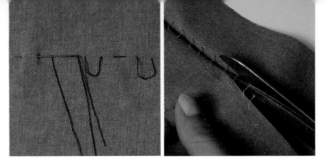

más traslúcido sea el papel, más sencillo será calcar los moldes). Sujetar la hoja de papel de molde con alfileres si es necesario para que no se desplace. Calcar el contorno de los moldes y las indicaciones que en ellos se presentan. Números, letras, palabras y el hilo de las piezas, el cual marcará la ubicación de ellas sobre la tela. Este se encuentra señalado en el patrón esquemático de cada prenda.

Junto al dibujo del diseño elegido encontramos un plano de ubicación de los moldes sobre la tela que le será de gran ayuda en el momento de cortar las piezas.

En los moldes no están considerados los márgenes de costura. Las personas con experiencia generalmente no marcan el margen antes de cortarlo, pero si es novata, lo mejor es hacerlo para que el corte resulte parejo. Es importante que estos márgenes sean iguales entre sí ya que facilitan el armado de la prenda. Por regla general los márgenes se determinan de la siguiente manera:

● 1 cm para las sisas, copa de manga, escotes, el tiro de un pantalón y todos los demás bordes que luego lleven una terminación, como por ejemplo una cinta al bies.

● 2 cm para las costuras laterales, hombros, mangas y costuras centrales.

● 2 a 5 cm para los dobladillos.

Cómo transferir los moldes a la tela

Enfrentar el revés de la tela y colocar los moldes siguiendo su plano de ubicación, que se indica en el diseño elegido. Todos los moldes calcados deben colocarse sobre la tela con la cara impresa hacia arriba. Sostenerlos con alfileres y marcar el contorno con una tiza o jabón de tocador fino y seco. En ambos casos es aconsejable afilar el canto a medida que se va desgastando. Otra manera de transferir un molde es por medio de un hilván flojo.

HILVÁN FLOJO

Realizarlo lleva un poco más de tiempo que marcar con tiza, pero es muy útil cuando necesitamos que la marca quede definida en el derecho y en el revés de la tela; cuando la tela es muy fina o clara y la tiza se transparenta en el derecho de la misma. El hilván se debe pasar a lo largo del canto del molde. La hebra del hilo no debe llevar nudo al comenzar. Se realiza dejando una puntada floja entre puntadas normales.

Una vez que se terminó de contornear el molde, retirarlo y separar con cuidado las telas y cortar las hebras (con muchísima precaución para no cortar el género) que queden en el medio.

Puntos básicos de la costura

1. PUNTO HILVÁN O BASTILLA

Este punto se utiliza para unir las piezas del molde antes de coserlas a máquina.

Se utiliza un hilo de color contrastante para luego poder retirarlo con facilidad.

Para realizarlo, insertar la aguja en la tela y sacarla en el largo deseado. Repetir esta operación formando puntadas del mismo largo en ambos lados de la tela. La bastilla se realiza de la misma manera con puntadas más cortas y sirve para embeber o fruncir.

2. HILVÁN EN DIAGONAL

Se utiliza para mantener unidas varias capas de tela. Por ejemplo, para sostener una tela sobre una capa de guata o un forro.

Se puede realizar de arriba hacia abajo o a la inversa. La aguja se saca a la izquierda de donde se pinchó.

La distancia entre las puntadas dependerá de la función que cumpla el hilván.

3. PUNTO INVISIBLE

Este punto se utiliza para unir un borde doblado a otra capa de tela. Por ejemplo, para coser un forro, un dobladillo o una vista. Para realizarlo sacar la aguja por el borde doblado y tomar un hilo de la tela de abajo. Sin sacar la aguja volver a introducirla en el borde a unos 5 mm.

4. SOBREHILADO O SULFILADO

Se usa para dar una mejor terminación a los bordes de las telas que se deshilan.

También se puede reemplazar por el zigzag de la máquina de coser. Se comienza a trabajar de izquierda a derecha insertando la aguja de atrás hacia delante a unos 3 mm del borde. No tensar demasiado el hilo para que la tela no se enrolle.

5. DOBLADILLO A MANO

La manera de terminar un dobladillo depende de la tela con que se esté trabajando y el tipo de terminación que se le quiera dar a la prenda. Para realizar un dobladillo con puntadas escondidas, sulfilar el borde para que no se deshile, levantar el canto 1 cm y coserlo tomando un hilo de la tela y uno o dos hilos del doblez. No tensar el hilo para que no se frunza la tela.

6. DOBLADILLO A MÁQUINA

Para hacer un dobladillo a máquina planchar un centímetro del margen de costura hacia el revés de la tela y luego volver a doblar el ancho deseado.

Planchar para asentar el dobladillo. Sostener con alfileres o realizar un hilván y pasar el pespunte de la máquina al ras del canto del borde.

7. COSTURA A MÁQUINA

Por lo general, las máquinas de coser modernas poseen dos tipos de puntos: los funcionales y los de adorno. El punto que más vamos a utilizar es el pespunte, que además de coser las prendas nos permite embeber o fruncir. Para ello debemos regular la máquina con una puntada más larga y aflojar la tensión del hilo superior. Para realizar esta modificación recurrir, si es necesario, al manual de la máquina. Para que el fruncido quede perfecto realizar dos pespuntes paralelos sin reforzar los extremos y luego tirar de ambos lados en forma pareja de los hilos que quedaron flojos.

8. ZIGZAG

Si bien el zigzag nos permite sobrehilar los márgenes de costura, también podemos terminarlos de otra manera según el modelo de la prenda. Por ejemplo un pantalón, una capucha o una camisa podemos coserlos utilizando la costura plana, para que el margen de costura quede asentado por dos pespuntes paralelos.

■ CONSEJO ÚTIL

El velcro es la alternativa más sencilla y cómoda al cierre clásico de botón y ojal. Se vende en las mercerías por metro y en diversos colores. Está compuesto por dos cintas de diferente textura: una suave al tacto y otra provista de pequeños pinches o garfios que se enganchan con la anterior. Ambas pueden coserse a máquina sin problemas y se lavan en el lavarropas como cualquier tela.
¿Un consejo? Antes de meter en el lavarropas una prenda con velcro, asegúrese de que esté bien cerrado para que no se enganche con otras prendas.

REFERENCIAS

COSTO

$ $ $

BAJO · MEDIO · ALTO

TIEMPO

POCO · MEDIO · MUCHO

DIFICULTAD

POCA · MEDIA · MUCHA

9. COSTURA PLANA

○ Para realizarla enfrentar las telas por el revés, dejar sobresalir 1 cm el borde de la tela de abajo y doblarlo encima de la otra tela, pasar un pespunte al ras del borde.

○ Abrir las telas y volcar el doblez sobre una de ellas ocultando el borde anteriormente pespunteado. Asentar con la plancha y pespuntear el otro borde.

○ Otra manera de asentar una costura es sobrehilar los dos márgenes de costura juntos, planchar hacia un lado y pespuntear al ras del borde, realizar otro pespunte más alejado en forma paralela. Este tipo de costura es muy útil en el caso de prendas forradas.

10. COSTURA FRANCESA

○ Este tipo de costura es muy útil cuando estamos trabajando con telas finas y transparentes. Para hacerla, enfrentar las telas por el revés y coser a 0,5 cm de la línea de costura. Recortar el margen de costura y enfrentar los derechos acomodando el pespunte en el doblez. Pasar un nuevo pespunte a lo largo de la línea de costura.

○ Como consejo general, cuando ya tenemos la prenda toda hilvanada y nos disponemos a coser a máquina hay que tener en cuenta que el pespunte no pase por arriba del hilván para luego poder retirarlo con mayor facilidad. Si queremos ahorrar tiempo, en muchos casos se puede reemplazar el hilván por la colocación de alfileres en forma perpendicular al pespunte. El pie de la máquina se desliza con normalidad sobre los alfileres, pero igual realizar ésta operación con cuidado de no romper la aguja.

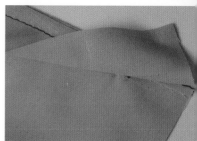

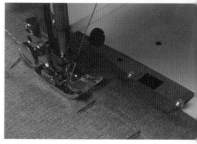

■ CONSEJO ÚTIL

■ Antes de cortar la tela es importante lavarla a la misma temperatura que se lavará la prenda terminada. Esto evita que la prenda se encoja.

■ GLOSARIO

1. **Bastilla:** hilván pequeño que se utiliza para fruncir. También puede realizarse a máquina aflojando la tensión del hilo superior.

2. **Bies:** diagonal de la tela que no sigue el hilo ni la trama. El verdadero bies es una diagonal a 45º con respecto del orillo de la tela.

3. **Embeber:** distribución de la tela sin hacer frunces, se realiza cuando se debe unir una parte más amplia con una más angosta, por ejemplo la copa de la manga.

4. **Fliselina:** entretela de distinto grosor que se utiliza para reforzar una parte de la prenda, por ejemplo un cuello o una pretina.

5. **Hilván:** puntadas largas realizadas a mano o a máquina que sostiene la tela en forma provisoria antes de la costura final.

6. **Jareta:** canal de tela cerrado con costuras paralelas por donde pasa un cordón o un elástico.

7. **Orillo:** borde de terminación de una tela que va en el sentido de la urdimbre.

8. **Pretina:** tira de tela cosida en el contorno de la cintura. Puede ser recta, con forma o elastizada, según el modelo de la prenda. Puede ser de la misma tela de la prenda o de cinta gros.

9. **Reducir el margen de costura:** emparejar con la tijera el margen pegado a la costura cortando los hilos, para que quede más prolijo.

10. **Sulfilado o sobrehilado:** puntada que se realiza a mano o a máquina (punto zigzag) para dar una mejor terminación al borde libre del margen de costura para que no se deshile.

LA ENTRETELA

Se utiliza para dar mayor firmeza a los cuellos, los puños, las aberturas y pretinas. La elección de la entretela depende de la tela que se desee reforzar.

Las que más se usan son las termoadhesivas, que tienen un lado brilloso y otro opaco. Corte la entretela de la misma forma que la pieza a reforzar. Apoye el lado brilloso sobre el revés de la tela y coloque la plancha unos segundos sin deslizar. Repita la operación hasta lograr que se haya fijado por completo. No mover la pieza entretelada hasta que se haya enfriado, de lo contrario pueden producirse globos.

CÓMO MEDIR A LOS CHICOS

1. CONTORNO DE PECHO. Se coloca el centímetro sobre el punto más prominente del pecho, pasándolo por debajo de los brazos y por la espalda.

2. CONTORNO DE CINTURA. Se mide en el punto más estrecho del tronco.

3. CONTORNO DE CADERA. El centímetro debe colocarse horizontalmente sobre sobre la parte más prominente de las nalgas.

4. LARGO DE ESPALDA. Se mide desde la primera vértebra cervical, a lo largo de la espalda hasta la cintura.

5. ANCHO DE HOMBROS. Se toma desde el nacimiento del cuello hasta el extremo exterior del hombro.

6. LARGO DE TALLE DELANTERO. Desde el nacimiento lateral del cuello, pasando por la punta del pecho hasta la cintura.

7. LARGO DE BRAZOS. Se mide desde el extremo exterior del hombro hasta la muñeca, llevando el centímetro por el codo que debe estar levemente flexionado.

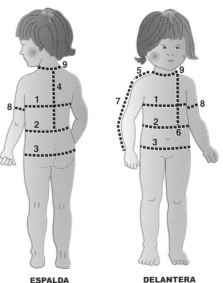

ESPALDA   DELANTERA

8. CONTORNO DE BRAZOS. Se mide en el punto más grueso del brazo. Si no fueran iguales, debe tomarse como referencia el más ancho.

9. CUELLO. Se mide en el nacimiento del cuello, justo por encima de la clavícula.

TALLES NIÑOS

Edad	Busto	Cintura	Cadera	Talle Delantera	Talle Espalda	Ancho Espalda	Ancho Hombro	Largo de Manga
4	58	56	60	26	24	25	8	32
5	60	57	62	28	26	27	8.5	35
6	62	58	64	30	28	28	9	38
7	64	59	68	32	30	29	9.5	41
8	68	60	72	34	32	30	10	44
9	70	60	74	36	34	31	10.5	47
10	72	61	76	37	35	32	11	50
11	74	61	78	38	36	33	11	51
12	76	62	80	39	37	34	11.5	52

Pintorcito

Materiales
- 80 cm de acrocel de 1.50 m de ancho
- 25 cm de la misma tela en otro color ● 5 botones
- Entretela ● 25 cm de elástico de 1 cm de ancho.

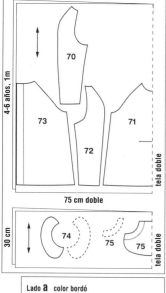

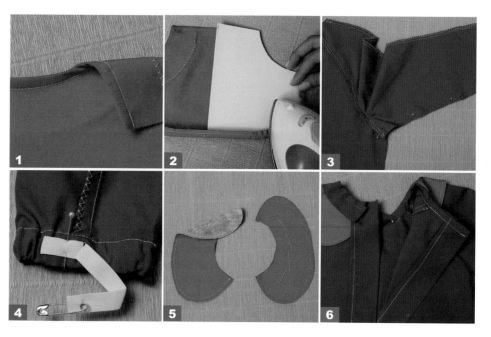

1. Vistas. Coser las vistas enfrentando los derechos, dar vuelta, planchar y pespuntear. Sulfilar.

2. Bolsillo. Para que los bordes redondeados queden perfectos pasar una bastilla en el margen de costura (ver pág. 4). Cortar la punta redondeada igual al molde en un cartón fino. Ubicar el molde de cartón en el revés del bolsillo y tensar la bastilla. Sin sacar el molde planchar llevando el margen de costura hacia adentro. Ubicarlo a la altura que indica el molde, sostener con alfileres y coser reforzando muy bien los extremos de las aberturas.

3. Manga. Coser la costura superior. Sulfilar juntos los márgenes de costura. Ubicar la manga en las sisas y coser enfrentando los derechos. Coser los costados y el bajo manga dejando abierto 1 cm en la vista del puño para pasar luego el elástico.

4. Volcar la vista de la manga hacia el revés, llevar el margen de costura hacia adentro. Pespuntear bien al ras del doblez. Con la ayuda de un alfiler de gancho pasar el elástico. Una vez pasado el elástico, rematar los extremos con puntadas a mano. Cerrar la abertura con puntadas escondidas.

5. Cuello. Llevar hacia el revés el margen de costura de las vistas de la espalda y pespuntear. Entretelar la pieza superior del cuello, enfrentar los derechos, coser y dar vuelta. Hilvanar, planchar y pespuntear.

6. Ubicar el cuello en el escote haciendo coincidir el bajo cuello con el derecho de la prenda y sus extremos con las marcas de aplomo. Volcar la vista enfrentando los derechos, sostener con un alfiler. Cortar una cinta al bies de 5 cm y doblarla por la mitad con el revés hacia adentro. Ubicarla en el escote por encima del cuello, los extremos de la cinta deben superponerse 1.5 cm encima de la vista del cruce de la espalda. Pespuntear el margen de costura. Dar vuelta las vistas e hilvanar la cinta al bies al escote. Pasar un pespunte por el derecho de la prenda. Realizar el dobladillo. Bordar los ojales y coser los botones.

Camisas
multiuso

Materiales
- 1 m de tela de jean de 1.50 m de ancho
- 7 botones • Entretela
- Hilo en color contrastante

Tips
☐ Gran parte de las prendas de este libro pueden realizarse con tela de friza o algodón. El molde del pantalón pijama, por ejemplo, es ideal para hacer el pantalón de gimnasia. Si no tiene máquina overlock puede usar un zigzag reforzado para evitar que al estirarse la tela la costura se rompa.

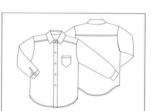

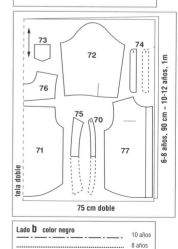

tela doble

6-8 años, 90 cm – 10-12 años, 1m

75 cm doble

Lado **b**	color negro	
—————		10 años
··············		8 años
– – – – –		6 años

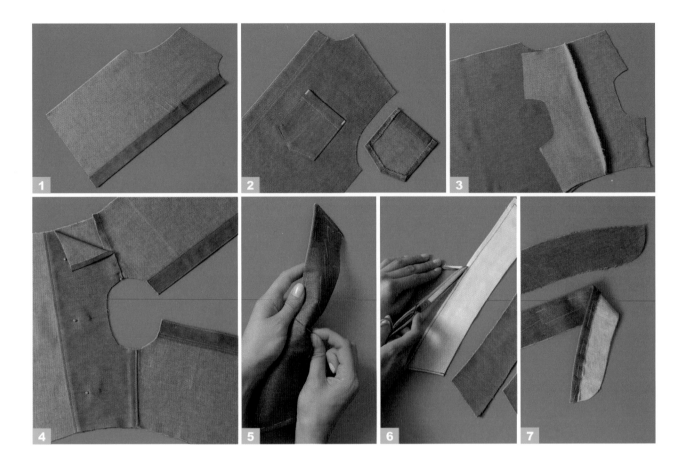

1. **Delantera**. Hilvanar la vista delantera hacia el revés llevando el margen de costura hacia adentro y planchar. Pespuntear a ambos lados.

2. **Bolsillo**. Sulfilar todo el margen de costura. Doblar la vista hacia el revés, planchar y pespuntear a lo largo. Hilvanar los demás márgenes de costura hacia el revés y planchar. Ubicar el bolsillo a la altura que indica el molde y coser reforzando muy bien los extremos con un zigzag angosto y tupido de 1.5 cm de largo sobre el pespunte anteriormente realizado.

3. **Espalda**. Ubicar las piezas del canesú enfrentando los derechos. Colocar el canesú interior con el derecho sobre el revés de la espalda. Coser y llevar ambos canesúes hacia arriba asentando la costura con la plancha. Pespuntear.

4. Coser la delantera a la espalda por los hombros enfrentando los derechos, cosiendo uno de los canesúes. Llevar el margen de costura hacia la espalda y montar el canesú interno al pespunte realizado, llevando el margen de costura hacia adentro. Hilvanar o sostener con alfileres y pespuntear por el derecho de la prenda.

5. **Cuello**. Cortar 2 piezas en tela y una en entretela la cual reforzará la pieza superior del cuello. Enfrentar los derechos y coser con puntadas pequeñas. Reducir el margen de costura y cortar en diagonal las esquinas.

6. Dar vuelta e hilvanar con puntadas inclinadas sosteniendo las tres telas (ver en pág. 4, Hilván en diagonal). Si lo prefiere, también puede usar entretela termoadhesiva que se compra en las mercerías.

7. **Planchar y pespuntear**. Igual que el cuello, la tirilla consta de 3 piezas, 2 de tela y una en entretela. Con un hilván inclinado sostener la entretela en una de las piezas, llevar el margen de costura hacia el revés y planchar.

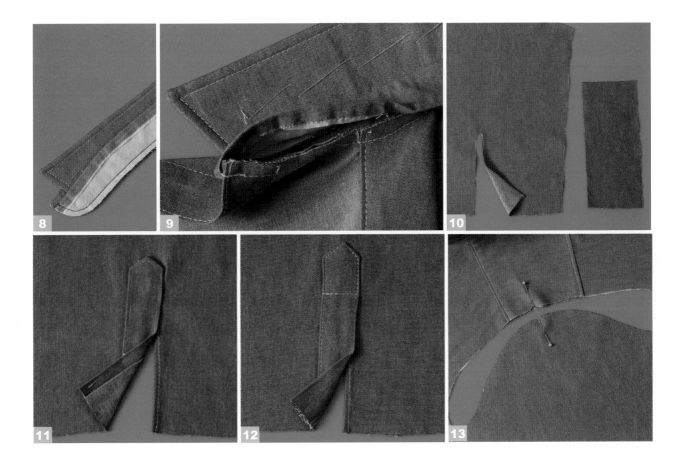

8. Armado del cuello. Ubicar sobre la mesa el cuello con la parte superior (pieza reforzada con entretela) hacia arriba, colocar la tirilla con entretela enfrentando los derechos y agregar la otra tirilla por debajo. Hilvanar o sostener con alfileres y pespuntear todo a lo largo.

9. Terminación del cuello. Ubicar el cuello con la tirilla sin entretela sobre el escote haciendo coincidir la línea media de la espalda. Pespuntear y recortar el margen de costura. Llevar éste hacia el interior de la tirilla, hilvanar y pasar un pespunte por el derecho de la prenda, todo alrededor de la tirilla.

10. Manga. Cortar una tira de tela del ancho de la vista terminada más 2 cm (6 o 7 cm) por el largo de la abertura más 5 cm (15 cm). Abrir la línea de la abertura y cortar en sesgo 0.5 cm el extremo superior hacia el lado del canto inferior de la abertura. Realizar un pequeño dobladillo.

11. Colocar la vista. Ubicar la vista sobre la abertura enfrentando el derecho de ésta con el revés de la manga. Coser todo a lo largo. Llevar la vista hacia el derecho y determinar su borde doblándola hasta tapar el pespunte del dobladillo realizado anteriormente. Quedará 1 cm de la vista hacia el revés.

12. Vista terminada. Llevar el margen de costura hacia el interior de la vista terminando en pico el borde superior. Hilvanar, planchar y pespuntear hasta 2 cm más abajo del extremo de la abertura, girar el trabajo y pasar un pespunte en sentido transversal cosiendo a la vez el canto inferior.

13. Pegar la manga. Marcar la línea media de la copa de la manga con un alfiler y hacerla coincidir con la costura del hombro enfrentando los derechos. Hilvanar y pespuntear por el lado de la manga.

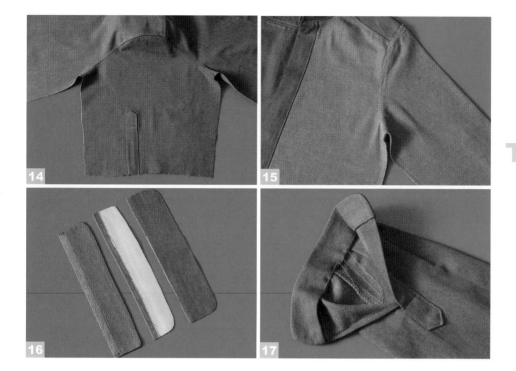

□En líneas generales, la camisa de manga corta se confecciona de la misma manera.
Para que el dobladillo de la manga no frunza ni haga defectos, cortarla en espejo con respecto a la manga.
Otra opción es realizar los pespuntes de las vistas y el cuello con algún punto decorativo de la máquina.

14. Sulfilar juntos los márgenes de costura y llevarlos hacia las delanteras y la espalda. Pasar un pespunte por el derecho de la prenda asentando la costura.

15. Hilvanar los costados y el bajo manga haciendo coincidir la costura de la sisa. Coser todo a lo largo. Reducir el margen de costura y sulfilarlos juntos.

16. Puños. Cortarlos en tela doble reforzando la parte externa con entretela. Llevar hacia el revés el margen de costura de la parte interna del puño (sin entretela). Enfrentar los derechos y coser todo alrededor dejando abierto el borde inferior. Reducir el margen de costura y cortar en diagonal las esquinas. Dar vuelta y planchar.

17. Antes de colocar el puño en la manga formar los pliegues como indica el molde, sosteniéndolos con alfileres. Ubicar la pieza reforzada con entretela en el canto inferior de la manga encarando los derechos. Coser y llevar el margen de costura hacia el interior del puño. Pespuntear.

Realizar el dobladillo de la camisa y bordar los ojales en la tirilla, en los puños y en la vista izquierda en caso del varón o en la vista derecha si es para nena. Coser los botones.

Vestido sin mangas

Materiales
- 90 cm de tela (cloqué) de 1.15 m de ancho
- 20 cm de tela blanca
- 6 botones
- Entretela

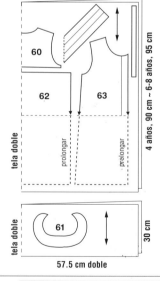

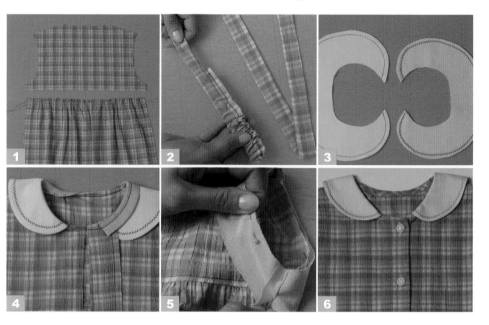

Lado a color negro
.... 12 años
— — — 10 años
— · — · 8 años

60

62   63

prolongar   prolongar

tela doble

4 años, 90 cm ~ 6–8 años, 95 cm

61

tela doble

30 cm

57.5 cm doble

1. Espalda. Pasar una bastilla en el borde superior de la espalda (ver pág. 4) y fruncir. Coserle el canesú enfrentando los derechos. Reducir el margen de costura, sulfilarlos juntos, plancharlos hacia arriba y pespuntear por el derecho.

2. Cortar dos lazos de 6 cm por 60 cm, enfrentar los derechos y coser por el lado más largo y uno de los extremos. Reducir el margen de costura y dar vuelta con la ayuda de una aguja de tejer. Plancharlos y ubicarlos a ambos lados sobre el frunce.

3. Cuello. Coser los hombros y los costados con costura francesa (ver pág. 6). Llevar el margen de las vistas hacia el revés y pasar un pespunte al ras del borde. Entretelar la pieza superior del cuello, enfrentar los derechos y coser, reducir el margen de costura y dar vuelta. Hilvanar, planchar y pespuntear. En este caso se realizó un punto decorativo en un hilo en tono contrastante.

4. Ubicar el cuello en el escote haciendo coincidir el bajo cuello con el derecho de la prenda y los extremos de él con las marcas de aplomo. Volcar la vista enfrentando los derechos, sostener con un alfiler. Doblar el margen de costura. Cortar una cinta al bies de 4 cm. Doblarla por la mitad con el revés hacia adentro. Planchar sin estirar. Ubicarla en el escote por encima del cuello (los extremos de la cinta deben superponerse 1.5 cm por encima de la vista de la delantera). Pespuntear y reducir el margen de costura. Dar vuelta las vistas y coser con puntadas escondidas la cinta al bies al escote.

5. Sisas. Cortar una cinta al bies y colocarla enfrentado los derechos en las sisas, comenzando por la línea de costura del costado. Reducir el margen de costura, llevar la cinta hacia el revés e hilvanar. Planchar y sujetar el bies con puntadas invisibles doblando el margen de costura hacia adentro.

6. En este modelo no es necesario pespuntear las vistas a la delantera porque éstas quedarán sujetas con los ojales y los botones. Realizar el dobladillo con un pespunte. Bordar los ojales y coser los botones.

Campera forrada

Materiales
- 1.50 m de tela impermeable (silver) de 1.50 m de ancho
- 1.50 m de tela polar o frisada de 1.50 m de ancho •1 cierre desmontable de 55 cm
- 2 m de cordón al tono
- 4 terminales plásticas
- 2 trabas de cordón
- 30 cm de elástico de 2 cm de ancho

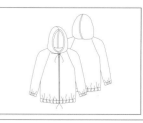

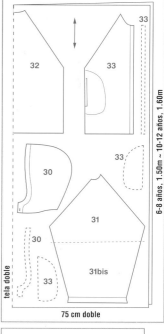

32

33

33

30

33

31

30

31bis

33

6-8 años, 1.50m ~ 10-12 años, 1.60m

tela doble

75 cm doble

TipS

☐ Una vez realizada la costura a máquina, pase los dos hilos para un mismo lado y anúdelos con firmeza. Eso evitará que la prenda se descosa.

Lado **b** color rojo

————— 12 años

—·—·—·— 10 años

··········· 8 años

– – – – – 6 años

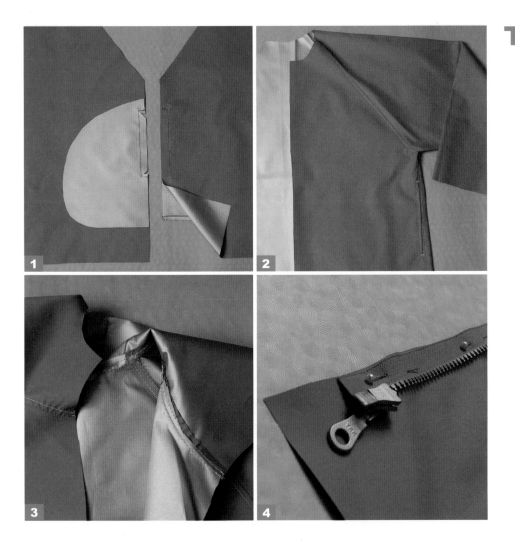

TipS

□ La manera más común de hacer ojales a máquina es con un zigzag muy tupido. El manual de la máquina le indicará cómo proceder (cada una tiene un sistema diferente). Tenga en cuenta que es muy importante que estén bien marcados antes de hacerlos. (Para abrirlos utilice un desgarrador de costura. Coloque un alfiler en forma transversal al ojal en el comienzo y en el final de éste. Así evitará rasgar el final del ojal).

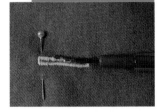

1. **Bolsillo**. Marcar el largo de la abertura en el lateral de las delanteras. Ubicar uno de los fondos del bolsillo enfrentando los derechos. Coser como muestra la foto. Cortar en diagonal los extremos, dar vuelta, planchar y pespuntear. Ubicar el otro fondo del bolsillo, coser cerrando la bolsa y sulfilar ambos márgenes.

2. Enfrentando los derechos, coser la espalda con la delantera y el bajo manga. Planchar hacia la espalda los márgenes de costura y pespuntear por el derecho. Ubicar la manga en la sisa haciendo coin-cidir las costuras. Planchar el margen de costura sobre la delantera y la espalda. Pespuntear.

3. **Capucha**. Coser la capucha y ubicarla en el cuello haciendo coincidir los derechos. Coser y reducir el margen de costura. Pespuntear por el derecho llevando el margen de costura hacia la capucha.

4. Hilvanar el cierre en la abertura encarando los derechos; los dientes quedan sobre la línea de costura. Bordar los ojales en la capucha reforzando el revés con un trozo de tela. En este tipo de telas la fliselina termoadhesiva no se adhiere.

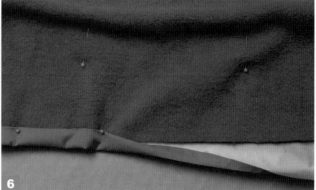

5. Armado. Para el forro de polar cortar las piezas de la misma manera, descontando los ruedos y las vistas delanteras y la capucha. Armar las piezas y coser a máquina tal como se procedió con la tela impermeable.

Cortar las vistas en la misma tela de la campera y unirlas al forro enfrentando los derechos. Montar el forro a la campera, enfrentando los derechos. Pespuntear el borde de la delantera y la capucha Dar vuelta, planchar y pespuntear junto al borde del cierre y la capucha. Pasar en la capucha un segundo pespunte para formar la jareta.

6. Terminación. Dar vuelta la campera al revés, acomodarla sobre la mesa con el forro hacia arriba. Sostener con alfileres el forro desplazándolo hacia arriba para que luego no tire. Montar el dobladillo sobre el forro. Hilvanar y pespuntear dejando abierto el final de la abertura para pasar el cordón. Proceder de la misma manera con los puños de las mangas. Pasar el elástico como se muestra en el pantalón pijama (pág. 28). Pasar los cordones con la ayuda de un alfiler de gancho. Colocar las trabas en el cordón del ruedo y luego las terminaciones plásticas.

Vestido de Comunión

Materiales

- 1.40 m de tela transparente (ejemplo: gasa crash)
- 1.40 m de lino blanco o piqué
- Hilo al tono
- 2.50 m de pasamanería al tono

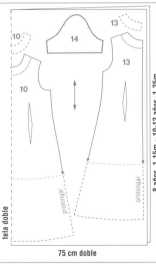

8 años, 1.15m ~ 10-12 años, 1.25m

tela doble

75 cm doble

10 · 13 · 14 · 10 · 13

prolongar

prolongar

8 años, 95 cm ~ 10-12 años, 1.05m

tela doble

75 cm doble

11 · 12

prolongar

Lado **b** color azul	
— — — — — —	12 años
— · — · — · —	10 años
· · · · · · · · · ·	8 años

Lado **b** color azul	
— — — — — —	12 años
— · — · — · —	10 años
· · · · · · · · · ·	8 años

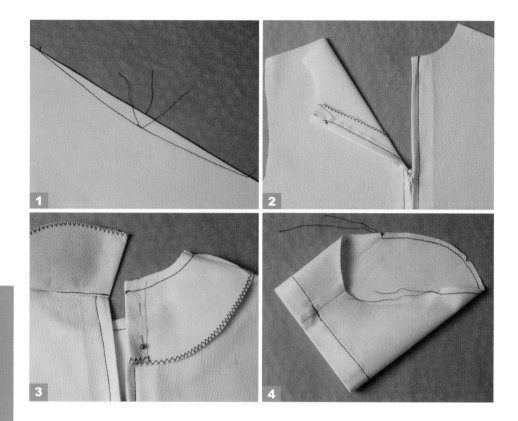

VESTIDO DE LINO

1. Cuerpo. Coser las pinzas de entalle. Para que los extremos no formen bolsas, coser la pinza en dos etapas, de la parte más ancha hacia uno de los vértices terminando la costura lo más angosta posible. Anudar los extremos de los hilos y plancharlas hacia los costados.

2. Coser la línea media de la espalda, enfrentando los derechos, desde el comienzo del cierre hacia el ruedo. Sulfilar los márgenes de costura y plancharlos abiertos. Hilvanar el cierre por debajo de la abertura de manera que los dientes queden ocultos. Pespuntear y retirar los hilvanes.

3. Cerrar la costura de los hombros y los costados con costura francesa (ver pág. 6). Entretelar las vistas y unirlas enfrentando los derechos. Abrir la costura con la plancha. Sulfilar el margen interno. Ubicar la vista en el escote enfrentando los derechos, haciendo coincidir la costura de los hombros. Volcar hacia el revés el extremo de la vista al ras del cierre. Coser, reducir el margen de costura y llevarlo hacia el revés de la vista, pasando un pespunte al ras de la costura por el derecho de la vista. Dar vuelta la vista hacia el revés. Planchar y coser con puntadas escondidas la vista al margen de costura de los hombros y del cierre.

4. Coser las mangas con costura francesa. Planchar hacia el revés las vistas y el ruedo, coserlos con la máquina de coser. Pasar un pespunte de puntada larga y floja en la copa de la manga en donde indica el molde para embeber el borde superior de la manga.

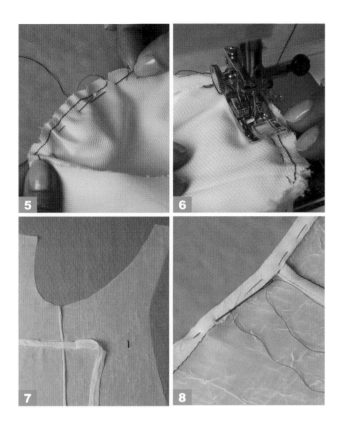

5. Ubicar la manga en la sisa enfrentando los derechos y haciendo coincidir el centro de la copa con la costura del hombro y la costura lateral con el bajo manga. Tensar la hebra inferior del pespunte hasta que la manga se ubique en la sisa sin formar pliegues. Hilvanar.

6. Coser la manga a máquina sosteniendo a ambos lados con las yemas de los dedos, comenzando y terminando en la costura lateral. Sulfilar.

DELANTAL

7. Coser los laterales con costura francesa. Bordar los ojales donde indica el molde. Cortar una tira al bies de 5 cm. Doblar los márgenes de costura hacia el revés y planchar. Ubicar la tira donde indica el molde y pasar un pespunte alrededor formando la jareta. Cortar otra tira de la tela del vestido de 4 o 5 cm por 1.60 m, coser a lo largo y a uno de sus extremos. Dar vuelta con la ayuda de una aguja de tejer como se muestra en el Vestido sin mangas (paso 2, pág. 16). Planchar y coser con puntadas escondidas. Pasar la tira por la jareta con la ayuda de un alfiler de gancho.

8. Coser los hombros. Cortar una cinta al bies larga de 4 cm de ancho y ribetear el cruce de la espalda, el cuello y las sisas comenzando por el ruedo. Terminar a máquina o con puntadas escondidas. Realizar un pequeño dobladillo en el ruedo. Aplicar la pasamanería con puntada escondida.

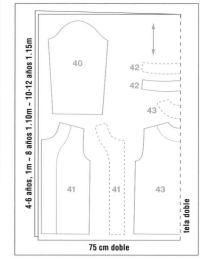

Pijamas
para todos

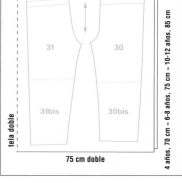

Materiales

- 1.50 m de tela escocesa
- 4 botones ● Entretela termoadhesiva ● 60 cm de elástico de 2 cm de ancho
- Hilo al tono

tela doble

31   30

31bis   30bis

75 cm doble

4 años, 70 cm ~ 6-8 años, 75 cm ~ 10-12 años, 85 cm

Lado **a**   color celeste

12 años
10 años
8 años
6 años
4 años

Lado **a**   color verde

12 años
10 años
8 años
6 años
4 años

4-6 años, 1m ~ 8 años 1.10m ~ 10-12 años 1.15m

40

42

42

43

41   41   43

tela doble

75 cm doble

PIJAMA ESCOCÉS

1. La chaqueta. Coser los hombros, los costados del cuerpo y las mangas con costura francesa (ver pág. 6).

2. El cuello. Enfrentar los derechos del cuello y coser por la línea de marca con puntadas pequeñas. Reducir el margen de costura y cortar en diagonal las esquinas. Dar vuelta e hilvanar.

Ubicar el cuello en el escote haciendo coincidir el bajo cuello con el derecho de la prenda y los extremos de él con las marcas de aplomo del cruce.

3. Terminación del cuello. Coser la costura del hombro de las vistas y plancharlas abiertas. Sulfilar el borde interno. Ubicar las vistas sobre el cuello y la delantera haciendo coincidir la línea de los hombros. Pespuntear y reducir el margen de costura. Cortar en diagonal las esquinas.

4. Vistas. Pasar un pespunte en el borde inferior de la esquina del cruce delantero a lo largo de la línea del dobladillo. Reducir el margen de costura como indica la foto, dar vuelta y planchar. Hilvanar el dobladillo y pespuntear, incluyendo el borde de las vistas de la solapa. Sostener con puntadas escondidas las vistas al margen de costura del hombro.

5. Mangas. Ubicar la manga en la sisa enfrentando por el revés para realizar la costura francesa haciendo coincidir las costuras laterales con el bajo manga y la línea media de la copa con la costura del hombro. Dobladillar el puño. Bordar los ojales y coser los botones.

6. Pantalón. Para el pantalón pijama coser con costura francesa las entrepiernas, los costados y el tiro colocando una pierna dentro de la otra. Doblar el margen superior hacia adentro por la línea de doblez y planchar.

Coserlo formando una jareta dejando una pequeña abertura para pasar el elástico. Colocar el elástico dentro de la jareta con la ayuda de un alfiler de gancho. Sostener el otro extremo con un alfiler cerca de la abertura para que no se introduzca en la jareta. Coser los extremos del elástico superpuestos, cerrar la abertura y realizar los dobladillos.

Materiales

- 1 remera blanca lisa
- 50 cm de tela fantasía
- 50 cm de elástico de 2 cm de ancho
- Hilo al tono
- Entretela fina termoadhesiva

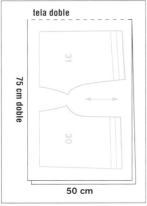

tela doble

31

30

75 cm doble

50 cm

Lado **a** color celeste

	12 años
	10 años
	8 años
	6 años
	4 años

PIJAMA CON REMERA

1. Preparando el diseño. Calcar el diseño por el revés de la entretela (lado opaco). Aplicar la entretela por el revés de la tela elegida y fijarla con el calor de la plancha. Recortar siguiendo la línea del lápiz.

2. La remera. Fijar con la plancha un trozo de entretela por el revés de la remera en la zona que se va a colocar la aplicación. Ubicar las piezas del diseño sobre el derecho de la remera. Hilvanarla para que al bordarla con la máquina no se mueva. Pasar un festón tupido por el contorno de la aplicación y por último retirar los hilvanes.

3. Terminación. Despegar con mucho cuidado la entretela del revés de la remera y recortarla al ras del festón.

Pantalón. Para realizar el pantaloncito siga las instrucciones del pijama escocés.

Materiales

- 1 m de tela de algodón de 1.50 m de ancho
- 25 cm de tela estampada
- 3 botones
- Hilo al tono
- Entretela termoadhesiva fina

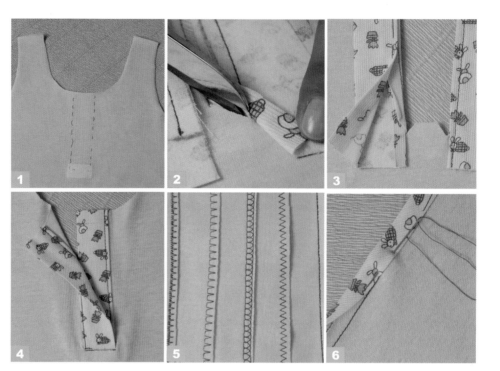

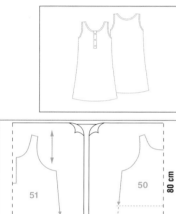

```
51          50
                        80 cm
tela doble  tela doble
prolongar   prolongar

30 cm doble   35 cm doble
```

```
52

57.5 cm

25 cm
```

Lado **a** color anaranjado
- - - - - - - - - - - - - 8 años

CAMISÓN

1. Cuello. Marcar con un hilván la abertura por donde indica el molde, (3 cm de ancho por 14 cm de largo). Para evitar que se deshile o rasgue el final de la abertura reforzarla con un trocito de entretela termoadhesiva. Cortar las vistas en tela estampada y reforzar la mitad con entretela incluyendo el margen de costura.

2. Ubicarlas a ambos lados de la abertura enfrentando los derechos y pespuntear en forma pareja hasta la línea punteada de la vista (final de la abertura). Cortar la abertura siguiendo el margen de costura de las vistas y terminar en diagonal las esquinas sin cortar las vistas.

3. Planchar hacia el interior de las vistas los márgenes de costura. Doblarlas por la mitad enfrentándolas por el revés, hilvanar y pespuntear a máquina.

4. Armado. Cerrar las vistas como quedarían terminadas, es decir, la derecha sobre la izquierda. Sostener con alfileres y coser la parte inferior de la abertura al delantero, enfrentando los derechos.

Sulfilar juntos los márgenes y plancharlos hacia abajo. Pespuntear por el derecho de la prenda.

5. Cuando se trabaja con telas de punto, se debe cambiar la aguja de la máquina por una de punta bolita. Coser los hombros y los costados con algunas de las costuras elásticas tipo overlock de la máquina. Tener en cuenta que al ser costuras pequeñas son muy difíciles de descoser. Si su máquina no cuenta con este tipo de costura, coser con puntadas pequeñas, en zigzag o rectas.

6. Terminación. Cortar tiras al bies y ribetear el cuello, las sisas y el ruedo enfrentando los derechos. Volcarla hacia el revés y sostener con puntadas escondidas o pespuntear a máquina. Bordar los ojales en la vista derecha y coser los botones en la izquierda.

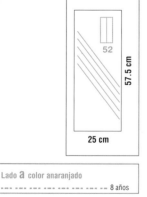

Pollera kilt

Materiales

- 1 m de tela escocesa de 1.50 m de ancho
- 2 trabas de cuero con hebillas
- 1 broche a presión de metal o de plástico
- Entretela termoadhesiva
- Hilo al tono

1.50m simple

CINTURA

6-8 años, 1m ~ 10-12 años, 1.10m

Lado a color rojo	
——————————	12 años
—— —— —— ——	10 años
···················	8 años
– – – – – –	6 años

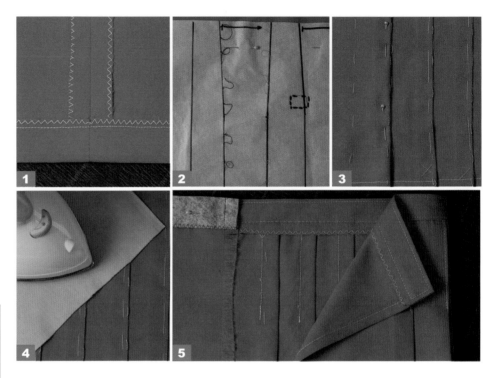

1. Tablas. Coser las dos partes del molde enfrentando los derechos, planchar la costura abierta y sulfilar ambos márgenes. Realizar el dobladillo a máquina.

Las tablas, como lo indica el molde, están compuestas por dos líneas, una de doblez y una de apoyo.

2. Para transferir estas líneas sobre la tela ubicar el papel de molde sobre el derecho de ella. Prenderlo con alfileres y con punto flojo (ver pág. 4) y utilizando dos colores de hilo marcar las líneas de quiebre con uno y las de apoyo con otro. Separar el molde de la tela, cortar los hilvanes y retirar el molde.

3. Hilvanado. Formar las tablas guiándose por los hilvanes, en la dirección que indica el molde. Sujetar con alfileres. Hilvanar cada una de las tablas bien cerca del borde del doblez de arriba hacia abajo.

4. Planchar la tela tableada con un paño húmedo, dejando la tela extendida hasta que esté completamente seca, para que no se arrugue. Es importante no deslizar la plancha sino asentarla y retirarla de la tela para que las tablas no se desplacen.

5. Terminación. Desflecar 2 cm el borde superior y dobladillar el borde interno. Pespuntear cada una de las tablas hasta la altura de la cadera (9 cm. aprox.) reforzando muy bien el extremo para que no se descosa. Entretelar la cintura y coserla a la pollera con los derechos enfrentados. Sulfilar el margen interno. Doblar la cintura por la mitad enfrentando los derechos y coser los extremos con los márgenes de costura hacia arriba. Reducir el margen de costura, dar vuelta y pasar un pespunte todo alrededor de la cintura. Aplicar las trabas de cuero a la altura que indica el molde y coser un broche de metal o de plástico en el extremo interno del cruce.

Capa impermeable

Materiales

- 1.50 m de tela impermeable (silver) de 1.50 de ancho
- 30 cm de tela para ribetear
- 3 botones al tono

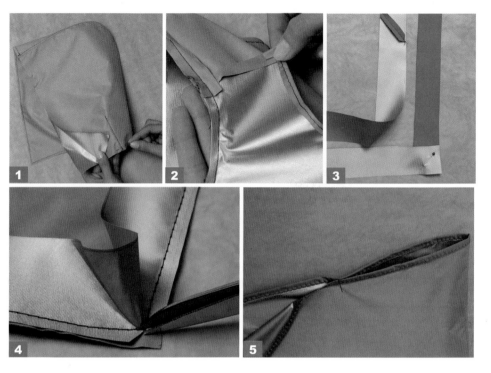

Lade b color celeste
- 12 años
- 10 años
- 8 años
- 6 años
- 4 años

1. Armado. Coser del punto A al B con costura plana (ver pág. 6) o francesa. Armar las capuchas de la misma forma. Coser las pinzas, plancharlas hacia el centro y pespuntear el borde de la costura por el derecho. Unir las dos capuchas enfrentando los lados del revés. Sostener con alfileres y pasar un hilván o pespunte todo alrededor del borde.

2. Capucha. Unir la capucha a la capa enfrentando los derechos. Colocar las vistas delanteras enfrentando el derecho de ellas con el interior de la capucha. Doblar el margen de costura a la altura del hombro. Cortar una cinta al bies de 5 cm, doblarla por la mitad con el revés hacia adentro. Planchar. Ubicarla sobre la capucha superponiendo los extremos en las vistas delanteras. Pespuntear, reducir el margen de costura y volcar la cinta hacia el revés de la prenda. Hilvanar y pespuntear por el derecho.

3. Terminación. Hilvanar la vista en la delantera enfrentando los lados del revés. Cortar una tira larga de cinta al bies. Para unir las tiras colocar sus extremos en forma de ¨L¨ y coser en diagonal sus extremos. Cortar y abrir la costura con la plancha.

4. Coser la cinta terminando los ángulos rectos del final de la abertura como muestra la foto. Llevar el bies hacia el revés, llevar hacia el interior el margen de costura, hilvanar y pespuntear por el derecho.

5. Bordar los ojales y coser los botones. Éstos también pueden reemplazarse por abrojo. Acomodar la capa enfrentando los lados del revés haciendo coincidir los bordes ribeteados y pasar un pespunte donde indica el molde para determinar la manga.

Pollera con tablas encontradas

Materiales

- 60 cm de lino de 1.50 m de ancho
- 1 cierre de 14 cm
- 1 botón
- Flores para aplicar
- Hilo al tono
- Entretela

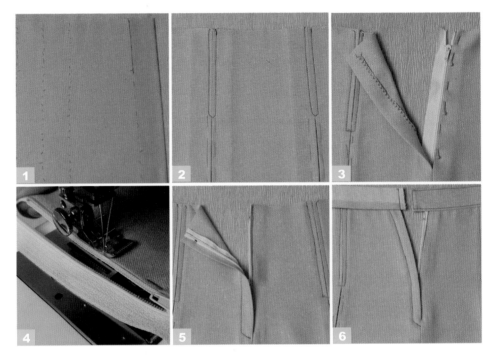

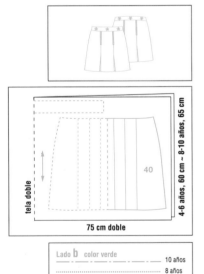

tela doble

4-6 años, 60 cm – 8-10 años, 65 cm

40

75 cm doble

Lado **b** color verde

10 años
8 años
6 años
4 años

1. Tablas. Marcar con un hilván flojo (ver pág. 4) las líneas de doblez y de apoyo del molde. Doblar la pollera enfrentando los derechos, haciendo coincidir la línea de doblez 1 con la 2 doblando por la línea de apoyo de la tabla. Pespuntear de la cintura hacia abajo hasta donde indica el molde. Proceder de la misma manera con las demás tablas.

2. Formar la tabla llevando la línea de doblez a la línea de apoyo. Hilvanar, planchar y pespuntear.

3. Armado. Coser los costados enfrentando los derechos, dejando en el lado izquierdo la abertura para el cierre. Planchar abiertos los márgenes de costura y sulfilar. Para coser un cierre a máquina, se debe utilizar un prensatelas especial. Hilvanar el cierre en el lado derecho de la abertura, de manera que los dientes queden junto al doblez de la tela.

4. Abrir el cierre unos centímetros y comenzar a coser por el borde superior. Detener la costura an-tes de llegar al tirador, insertar la aguja en la tela, levantar el prensatelas y deslizar suavemente para cerrar el cierre.

5. Ubicar el otro lado de la abertura sobre el cierre ocultando a la vez el pespunte. Hilvanar. Coser el cierre del borde superior hacia abajo terminando el pespunte en forma perpendicular. Retirar los hilvanes.

6. Cintura. Entretelar la cintura y coserla a la pollera con los derechos enfrentados, dejando en el extremo correspondiente a la parte de atrás 2.5 cm para el cruce. Planchar los márgenes de costura hacia el centro de la cintura. Doblarla por la mitad enfrentando los derechos y coser los extremos. Dar vuelta haciendo coincidir el borde planchado con el pespunte interno. Hilvanar y pespuntear todo alrededor.

Bordar el ojal y coser el botón. Aplicar las flores con puntadas escondidas. Realizar el dobladillo con puntadas escondidas y planchar.

Bermuda y jumper

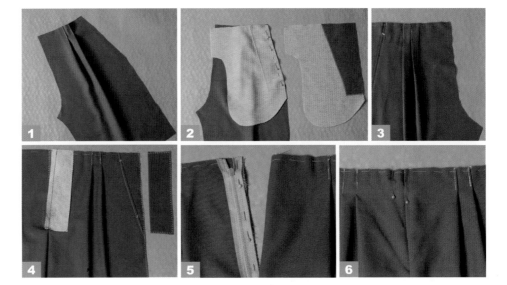

Materiales
- 75 cm de sarga de 1.50 m de ancho
- 1 cierre de 14 cm
- Entretela • 1 botón
- Hilo al tono

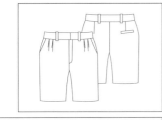

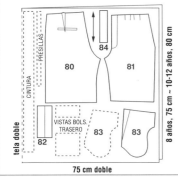

75 cm doble

Lado **b** color rosa

— — — — — — — — — 12 años
— · — · — · — · — 10 años
· · · · · · · · · · · · · 8 años

BERMUDA

1. Pinzas delanteras. Doblar la tela hacia el costado enfrentando los derechos como indica el molde. Hilvanar el borde superior y el canto extremo formando el pliegue. Planchar y pespuntear reforzando muy bien los extremos con puntadas en retroceso para que no se descosan. Para que el bolsillo y las pinzas no hagan defecto, el final de esta costura debe coincidir con el refuerzo superior de la abertura del bolsillo.

2. Bolsillos delanteros. Si la tela con que se está trabajando es muy gruesa cortar los fondos del bolsillo en una tela más fina, colocando previamente las vistas en la misma tela del pantalón. Cortar la pieza del fondo de bolsillo sobre la abertura enfrentando los derechos y coser. Reducir el margen de costura y dar vuelta hacia el revés. Planchar y pespuntear.

3. Ubicar el fondo lateral del bolsillo debajo de la abertura y sostener con alfileres. Coser la bolsa del bolsillo y sulfilar o sobrehilar los márgenes de costura juntos. Hilvanar el bolsillo a la costura de la cadera, al borde superior y en el tiro delantero. Reforzar los ex-

tremos de la abertura con un festón tupido o un doble pespunte. Debe quedar una abertura de 14 cm.

4. Cierre. Coser el tiro delantero desde la marca donde comienza el cierre sin llegar a la línea de costura de la entrepierna. Reforzar las vistas con entretela. Doblar por la mitad la vista más ancha con el revés hacia adentro y sulfilar o sobrehilar todo alrededor; se forma así la tapa del cierre. Sulfilar la vista más angosta. Coser la vista en la abertura del pantalón enfrentando los derechos. Dar vuelta y planchar.

5. Ubicar el cierre boca abajo en el otro borde de la abertura. Coser y dar vuelta el cierre hacia el derecho.

6. Ubicar la tapa del cierre debajo de éste con el doblez hacia afuera, sostener con alfileres y pasar un pespunte al ras del borde de la costura anterior. Volcar la tapa del cierre hacia el revés y sostener con un alfiler para evitar coserla cuando se esté pasando el pespunte en el otro borde del cierre. Montar el otro canto de la abertura sobre el cierre tapando el pespunte, ubicándolo como debería quedar terminado y sostener con alfileres.

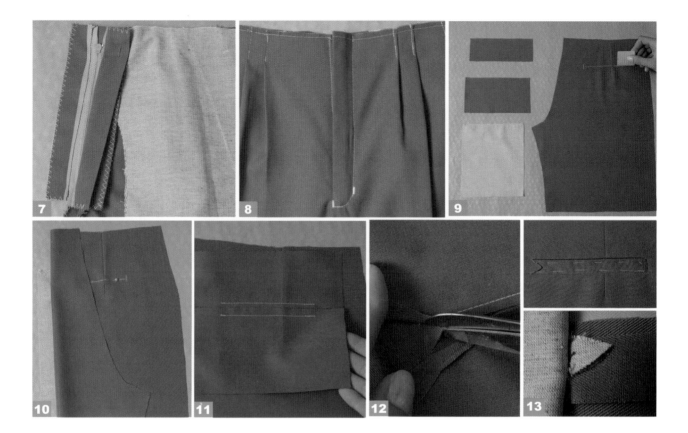

7. Dar vuelta el pantalón por el revés y coser el cierre sobre la vista.

8. Pespuntear sobre la abertura por el derecho del pantalón. Por último, soltar la tapa del cierre y reforzar el final de la abertura con un zigzag tupido.

9. **Bolsillo trasero ribeteado en un solo lado**. Coser las pinzas y plancharlas hacia la costuras laterales. Cortar dos tiras de la misma tela del pantalón 5 cm más largas que la abertura, una de 6 cm de ancho y la otra de 9 cm.

Para el fondo del bolsillo, cortar un rectángulo de 18 cm por el largo de la abertura terminada más 5 cm en la tela elegida para realizar los fondos del bolsillo. Sulfilar el borde superior.

Marcar la ubicación del bolsillo con una tiza o un hilván por el lado del derecho de la tela.

10. Colocar el fondo del bolsillo por debajo de la línea del lado del revés de la tela, dejando que sobresalga 2 cm por arriba de la línea.

11. Colocar la tira más ancha en la abertura haciendo coincidir el borde de la tira con la marca de tiza.

Coser a 1/2 cm del borde, de extremo a extremo de la abertura, realizando un atraque al comienzo y al final de la costura. Girar la tela dejando la aguja insertada y colocar la otra tira de igual manera que la anterior.

Pespuntear en forma paralela comenzando y terminando en la misma línea que el pespunte anterior. Quedan así formados dos pespuntes paralelos del mismo largo.

12. Abrir la abertura realizando un corte a lo largo de la línea marcada con tiza y terminar en sesgo en las esquinas de manera tal que se formen dos pequeños triángulos. Llegar con el corte hasta el pespunte cuidando de no cortar los hilos. Al abrir la abertura no cortar las tiras de telas cosidas anteriormente.

13. Llevar las tiras hacia el revés del bolsillo acomodando la tira superior hacia abajo con el margen de costura hacia arriba. Volcar la otra tira hacia arriba por encima de la anterior, formando el ancho del ribete. Hilvanar llevando el margen de costura hacia abajo. (Llevar hacia adentro de la abertura los triángulos de los extremos con la punta de la tijera y coserlos al ribete rematando dos o tres veces para que queden bien firmes).

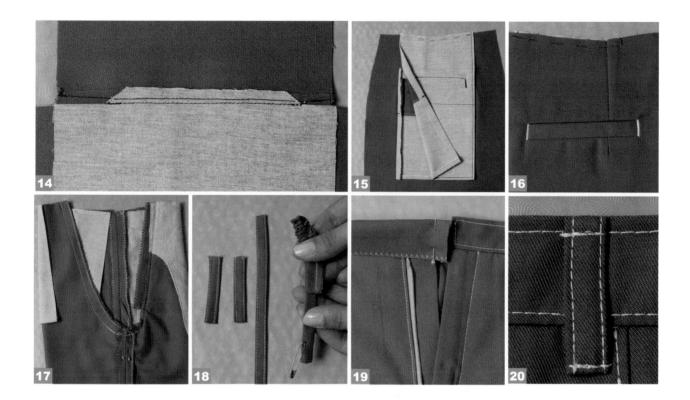

14. Coser por el lado del revés el margen de costura del ribete sobre la tira de tela, bien al ras de la costura. Volcar la tira del ribete sobre el bolsillo y coserla a éste llevando el margen de costura hacia adentro. Pespuntear.

15. Cortar la otra parte del fondo del bolsillo del mismo ancho que el ya cosido en la abertura y con un largo que abarque de la cintura hasta el final del bolsillo. Ubicar sobre el revés de la abertura y sostener con alfileres.

Coser el margen de costura de la tira de tela cosida en el borde superior al fondo del bolsillo como se mostró anteriormente. Coser la tira sobre el fondo del bolsillo mientras se lleva el margen de costura hacia adentro y pespuntear.

Recortar todas las telas en forma pareja y cerrar el bolsillo llevando el margen de costura hacia adentro. Planchar muy bien el bolsillo en su totalidad antes de continuar.

16. Realizar un festón tupido en los extremos de la abertura.

17. Coser la entrepierna y los costados de la cintura hacia abajo, siempre en el mismo sentido. Abrir la costura con la plancha y sulfilar o sobrehilar ambos márgenes. Ubicar una pierna dentro de otra, enfrentando los derechos y coser el tiro trasero comenzando desde el tiro delantero.

Abrir la costura con la plancha y sulfilar los márgenes de costura.

18. Para realizar las presillas, cortar una tira del doble del ancho deseado para las presillas más el margen de costura. Doblar la tira por la mitad enfrentando los derechos y coser a lo largo. Dar vuelta con la ayuda de un alfiler de gancho y planchar dejando la costura en la parte central de la tira. Pespuntear a ambos lados y luego cortar las presillas todas del mismo largo (aproximadamente 6 cm). Ubicar tres presillas en la espalda y dos en la delantera enfrentando los derechos. Sostener con alfileres.

19. Para la cintura cortar una tira 3 cm más larga que la cintura terminada por 7 cm de ancho. Reforzar con entretela la mitad de la cintura. Ubicarla en el borde superior enfrentando los derechos y coser. Sulfilar el borde interno. Doblar la cintura por la mitad enfrentando los derechos con los márgenes de costura hacia arriba y coser los extremos siguiendo la línea de doblez de la abertura del cierre. Reducir el margen de costura, dar vuelta, hilvanar y planchar. Pasar por el derecho un pespunte para dar mejor terminación.

20. Llevar el otro extremo de la presilla sobre el borde superior de la cintura y coser, realizar un segundo pespunte en el borde inferior. Realizar el dobladillo como se indica en página 5.

Materiales
- 1.10 m de gabardina o sarga
- Hilo al tono

Lado **a**   color azul
- ―――――――― 12 años
- ―・―・―・―・― 10 años
- ················ 8 años

tela doble

75 cm doble

12 años, 1.10m 8-10 años, 1m

prolongar

22
21
20

JUMPER

1. **Tablas**. Transferir las líneas de las tablas ubicando el molde sobre el derecho de la tela. Realizar un punto flojo. Cortar los hilvanes y retirar.

2. Hilvanar las tablas cuidando que no se desplacen.

3. **Armado**. Una vez tableada la tela unir la delantera con la espalda enfrentando los derechos. Abrir la costura con la plancha y sulfilar ambos márgenes. Cortar una cinta al bies y coserla en las sisas.

4. Unir los canesúes a la pollera enfrentando los derechos. Planchar llevando el margen de costura hacia arriba. No coser los hombros. Ubicar las vistas enfrentando los derechos y coser las sisas y el esco-

te. Verificar que el ancho del hombro sea el mismo en la espalda que en la delantera.

5. Reducir el margen de costura y dar vuelta. Hilvanar y planchar asentando las costuras.

6. Enfrentar los derechos del canesú y coser los hombros sin coser las vistas. Planchar.

7. **Terminación**. Llevar uno de los márgenes de costura de la vista hacia adentro y el otro montarlo sobre éste, coser con puntadas escondidas.

8. Llevar el margen inferior de las vistas hacia adentro, hilvanar y pespuntear incluyendo las sisas y el escote. Retirar los hilvanes y planchar. Hacer el dobladillo.

¿Es posible ganar dinero cosiendo?

Antes de dar la primera puntada es necesario considerar algunas premisas básicas que ayudarán a que el negocio sea rentable.

EL PLAN DE ACCIÓN

La gran mayoría de las personas que decide que el arte de cortar y coser puede ser un buen medio de vida para ellas olvida que la costura no escapa a las reglas generales de cualquier emprendimiento comercial aunque pueda realizarse entre las cuatro paredes de un comedor familiar. Justamente por eso, es común que menosprecie el servicio que va a brindar y jamás piense en los verdaderos pilares que constituyen la diferencia entre el éxito y el fracaso.

El primer paso es la definición clara de lo que se va a hacer y cómo se lo va a hacer. Para los especialistas esto sería establecer una estrategia y desarrollar un plan de negocio razonable. En este proceso, puede ayudar mucho sentarse a escribir y anotar todas las ideas que surjan. No importa que la mayoría de ellas sea desechada al principio. *"La abundancia nace de perseguir un sueño"*. Este cuestionario puede ayudarla a aclarar sus dudas:

1. Enumere sus propias razones para establecer un negocio por cuenta propia. Algunas de las razones más comunes son:
a. Desea ser su propio jefe
b. Desea tener independencia económica
c. Desea tener libertad creativa
d. Desea utilizar por completo sus habilidades y conocimientos
e. Es lo que mejor sabe hacer

2. El segundo paso es confrontar ideas para despejar dudas sobre la decisión tomada: ¿es la costura realmente un emprendimiento para mí?

a. ¿Qué es lo que me gusta hacer con mi tiempo?
b. ¿Qué habilidades técnicas he aprendido o desarrollado?
c. ¿Qué dicen otras personas acerca de lo que hago bien?
d. ¿Tendré el apoyo de mi familia?
e. ¿Cuánto tiempo tengo para administrar un negocio exitoso?
f. ¿Tengo pasatiempos favoritos o intereses comerciales?

3. A continuación usted debe identificar el campo que su negocio abarcará. Realice la investigación necesaria para responder estas preguntas:
a. ¿Qué servicios o productos específicos venderé relacionados con la costura?
b. ¿Es práctica mi idea y satisfará una necesidad real?
c. ¿Quién es mi competencia?
d. ¿Cuál es la ventaja de mi negocio sobre los competidores?
e. ¿Puedo proporcionar un servicio de mejor calidad?
f. ¿Puedo crear demanda para mi negocio?

4. El paso final antes de desarrollar su plan es la lista preliminar de las especificaciones de su negocio. Para esto usted debe responder estas preguntas:
a. ¿Qué habilidades y experiencia traigo al negocio de la costura?
b. ¿Cuál será mi estructura legal?
c. ¿Qué equipos o suministros necesitaré? Piense en las máquinas. Ubique a un técnico responsable por la zona. Averigüe costos de mantenimiento.

d. ¿Cómo me recompensaré a mí misma? ¿Cuánto dinero quiero ganar?

e. ¿Cuáles son mis recursos? ¿Cuánto se necesita para empezar?

f. ¿Qué financiamiento necesitaré? ¿Tengo a quién pedirle para dar el puntapié inicial?

g. ¿Dónde se ubicará mi negocio?

h. ¿Qué nombre daré a mi negocio?

Sus respuestas la ayudarán a crear un plan de negocio enfocado hacia el mundo de los hilos, las tijeras y las telas que servirá como marco de ejecución. El plan deberá detallar cómo se operará, administrará y capitalizará el negocio. Recuerde que un viaje de mil quinientos kilómetros empieza con un solo paso. Pero no lo menosprecie porque, aunque le parezca mentira, éste es el momento en el que se definen las bases de su empresa. Una vez que haya completado su plan de negocio, repáselo con alguien de su confianza. El plan de negocio es un documento flexible que deberá cambiar al crecer el emprendimiento.

POR DÓNDE EMPEZAR

¿Cómo establecer el precio de lo que va a hacer?

Calcular el precio justo de nuestro servicio no siempre es fácil. Sobre todo en épocas recesivas en las que la desesperación por competir con un costo bajo como valor diferencial puede hacernos trastabillar. ¿Cómo se establece el costo de un producto? Hay que sentarse con lápiz y papel y armar una lista de gastos o costos fijos que incluya todos los gastos fijos:

● Hilos.

● Tela, entretela, remaches, botones, cierres, etc.

● Mano de obra.

● Luz.

● Mantenimiento de las máquinas.

● Gastos de alquiler (en el caso de que el taller no esté en casa).

● Tiempo (es importante calcular no sólo el tiempo que lleva coser la prenda, sino también las pruebas).

● Gastos de promoción o publicidad.

El precio de la prenda no lo establece el bolsillo del cliente, sino la sumatoria de todos estos ítems y los que usted considere apropiado agregar. Por último recuerde que, aunque un precio competitivo es fundamental como valor diferencial, no todos los clientes eligen por el bajo costo. En esto, es fundamental que usted analice cómo es su potencial cliente. Muchos todavía conservan la creencia de que "lo barato sale caro".

¿Quién y cómo es su cliente?

La relación con el cliente es responsable del éxito o del fracaso de cualquier negocio. En líneas generales, el nuevo consumidor cuida mucho su dinero, tiene poco tiempo y no está dispuesto a esperar. Es poco fiel, cambia de barrio y se traslada de un lado al otro de la ciudad sin dificultad.

Más allá de las generalidades, comprender que esa mujer que se está probando su vestido de novia en su "atelier" es lo que le da sentido a lo que hacemos nos obliga a conocerla a fondo para satisfacer sus necesidades.

Esto implica escuchar atentamente lo que dice y cómo lo dice y actuar en consecuencia.

Los especialistas del marketing aseguran que los consumidores no compran productos sino relaciones; esto es afecto, buen trato, humor, puntualidad, innovación, calidad en el servicio, cordialidad, capacidad de respuesta. Y aportan una serie de números que es bueno conocer antes de tratar con la primera clienta.

● *"Cuesta 5 veces más caro venderle a un nuevo cliente que conservar uno".* No piense en su clienta como "un vestido de novia" y punto. Esa mujer tendrá otros casamientos, será madrina, hay una vida por delante para venderle sueños. Piense que cada vez que toma una decisión con respecto a ella está arriesgando un futuro de negocios.

● *"Cada uno de los clientes insatisfechos relatará su experiencia negativa a por lo menos 9 personas".* Y esto es lo único que usted no necesita. Sobre todo en este tipo de servicios, la recomendación personal es fundamental. Busque la satisfacción total de sus clientes y éstos le traerán nuevos.

¿Cómo dar a conocer lo que se ofrece?

Los gurúes del marketing afirman que lo que se comunica es más importante que lo que se hace. ¿Cómo se enterarán sus potenciales clientes de que está cosiendo y que hacerse un vestido con usted resulta infinitamente más ventajoso que realizarlo con otra modista? En este punto no hay que quedarse sólo con las estrategias tradicionales como la recomendación, los volantes o un aviso en el periódico del barrio. Piense nuevas alternativas para dar a conocer lo que hace. Imaginemos que su fuerte son los vestidos de novia. ¿Se le ocurrió armar alguna clase de acuerdo (descuento, promoción, etcétera) con peluqueros, maquilladores, casas de regalos, agencias de viajes...? Cuando una novia se casa hay toda una familia que se viste para la ocasión. ¿Pensó en algún tipo de descuento para el grupo? ¿Se le ocurrió alguna vez que un desfile de novias a beneficio puede ser una excelente manera de promocionar lo que hace?

Cuéntele a todo el mundo lo que hace. Todo el mundo es también gente que usted no conoce. Esto es: levante el teléfono y llame ofreciendo sus servicios. El "no" ya lo tiene. Confeccione tarjetas personales y cada vez que pueda repártalas, no importa el ámbito en el que esté. Los mejores negocios surgen de relaciones o situaciones impensadas.

Reglas de oro

Investigue, estudie, aprenda.

Pensar que para llevar adelante un buen negocio de corte y confección sólo hace falta coser bien puede ser el camino hacia el fracaso.

La pregunta es: ¿tenemos la capacitación suficiente para conquistar y retener a los clientes? ¿Sabemos cómo hacer los presupuestos? ¿Estamos en condiciones de largarnos por cuenta propia? ¿Podemos administrar nuestro tiempo y ser metódicas? Si la respuesta es no, la solución más inteligente es buscar ayuda.

Afortunadamente, cada vez se tiene más conciencia de que la capacitación es fundamental a la hora de sentar las bases de un emprendimiento comercial. Las universidades, las cámaras, los sindicatos, los centros de gestión y participación; los municipios, las iglesias y muchas fundaciones organizan charlas y cursos gratuitos. Busque material de lectura (Internet es un medio práctico), haga cursos y solicite asesoramiento. No se va a arrepentir.

PIENSE A LO GRANDE

Pensar en grande, suele ser la llave que abre la puerta de la abundancia. Lleva el mismo tiempo "vender" un vestido a 1 persona que a 10 o a 100. La diferencia es el miedo que da enfrentar el desafío de llegar hasta "los grandes". Pensamientos como "no puedo fabricar en serie", "a mí me cuesta delegar", "¿y si fracaso?" suelen convertirse en barreras que nosotros mismos levantamos en el camino previamente trazado. ¿Por qué no podemos pensar en grande? ¿Por qué no asumir el riesgo de crecer?

NO TENGA MIEDO

El miedo paraliza, hace aflorar lo peor de nosotros mismos. Obstaculiza la creación de éxito y abundancia. Trate de ver los cambios (ministros de economía, suba o baja del dólar, los precios) como circunstancias y no como obstáculos.

Si tiene una actitud abierta, positiva y desprejuiciada frente a los cambios, encontrará una salida creativa a todos los interrogantes. Temer no nos ayuda a encontrar una solución a las circunstancias de nuestro negocio. Nuestros verbos predilectos deberían ser pensar, analizar, buscar, investigar, innovar, crecer...

DÉ PASOS DE BEBÉ

Cuando empezamos a caminar, nuestros pasos eran vacilantes, torpes y muy inestables. Nos caímos y volvimos a empezar tantas veces como fue necesario para aprender a dar pasos firmes.

Nada tiene por qué ser diferente ahora que vamos a comenzar un nuevo negocio. Exigirnos a nosotros mismos la solidez y soltura de alguien con experiencia sería tremendamente injusto. Tanto como no animarnos a dar el primer paso. No temamos dar pasos de bebé. A medida que vayamos tomando confianza, podremos recorrer trayectos más largos.

agradecimientos

- Mercería Costa: Hipólito Yrigoyen 1734. El Talar de Pacheco.
- Dam: Honduras 4775. Buenos Aires.
- Cheeky: Alto Palermo Shopping. Buenos Aires.
- El Shant: Arenales 1295. Buenos Aires.
- Galler: Soler 4929. Buenos Aires.
- Colegio Guadalupe: Paraguay 3925. Buenos Aires.
- Madre Tierra: Gorriti y Gurruchaga. Buenos Aires.
- Fortunata Alegrías: Gurruchaga y El Salvador. Buenos Aires.

Palabras de la autora

Coser para los chicos es muy placentero,
además de útil y económico.
Muchas veces ellos tienen, a pesar de su corta edad, un
gusto muy definido en cuanto a la manera de vestirse.
En esos casos es aconsejable escucharlos, saber qué les
gusta, mirar con ellos vidrieras o revistas que puedan
orientarlas sobre sus preferencias. También es bueno ir
con ellos a comprar la tela, si no están muy seguras de
que les guste la que ustedes elijan. La idea es
integrarlos para que el trabajo de armar y coser una
prenda pueda ser satisfactorio para ambos.
El objetivo de este libro es facilitarles la manera de
resolver los detalles de costura que en muchos casos
resultan más fáciles de lo que parecen.
Desde ya agradezco a todas las personas
que trabajaron en el libro e hicieron
posible este nuevo proyecto.

María Laura Poratto

Costura
para niños

Dirección de la colección: Isabel Toyos
Producción editorial y diseño: María Matilde Bossi
Fotos: Ariel Gutraich
Producción fotográfica: Karina Moore
Redacción e informes: Marcela Luza
Moldes: Sandra Salomón y Laura Jardón
Ilustraciones: Laura Jardón
Corrección: Marisa Corgatelli

© Longseller S.A., 2003
Casa matriz: Av. San Juan 777
(C1147AAF) Buenos Aires
República Argentina
Internet: www.longseller.com.ar
E-mail: ventas@longseller.com.ar

646.36   Poratto, María Laura
POR   Costura para niños.- 1ª ed.- Buenos Aires:
           Longseller, 2003.
              48 p.; 23x21 cm.- (Practideas)

           ISBN 987-550-297-9

           I. Título – 1. Vestuario para Niños

Queda hecho el depósito que marca la ley 11.723

Impreso y hecho en la Argentina.
Printed in Argentina.

Esta edición de 3000 ejemplares se terminó de imprimir en
los talleres de Longseller, en Buenos Aires,
República Argentina, en junio de 2003.